Ingrid Moras

Koalabär & Kolibri

Perlentiere bunt & plastisch

Sina Kreutziger

CHRISTOPHORUS
BRUNNEN-REIHE

SEIT MEHR ALS 30 JAHREN STEHT DER NAME „CHRISTOPHORUS" FÜR KREATIVES UND KÜNSTLERISCHES GESTALTEN IN FREIZEIT UND BERUF. GENAUSO WIE DIESER BAND DER BRUNNEN-REIHE IST JEDES CHRISTOPHORUS-BUCH MIT VIEL SORGFALT ERARBEITET: DAMIT SIE SPASS UND ERFOLG BEIM GESTALTEN HABEN – UND FREUDE AN SCHÖNEN ERGEBNISSEN.

ISBN 3-419-56088-5

Styling und Fotos: Roland Krieg, Waldkirch
Textredaktion: Dr. Ute Drechsler-Dietz
Umschlaggestaltung: Network!, München
Produktion: Print Production, Umkirch
Druck: Freiburger Graphische Betriebe, 1999

Inhalt

3-D-Perlentiere begeistern

Das Angebot an Indianerperlen, auch Rocailles genannt, ist reichhaltig, und jedermann ist sicher fasziniert von all den schillernden Farben. Noch größer wird aber die Begeisterung, wenn man feststellt, daß die Perlen auf eine recht einfache Weise zu dreidimensionalen Tierfiguren verarbeitet werden können, wie sie hier erneut als große Auswahl an Tieren von fern und nah vorgestellt sind. Ganz leicht kann da eine Sammelleidenschaft ausbrechen und schon bald ein richtiger Mini-Zoo entstehen: Waschbären tummeln sich neben Nilpferden, Koalas und Giraffen. Igel leisten Kühen Gesellschaft. Schillernde Insekten und farbenprächtige Vögel wie Pfau und Kolibris bilden dabei besondere Glanzstücke.

Wer nach den Miniaturen einmal etwas Neues ausprobieren will, kann auch größere Perlen verwenden – und schon sitzt ein größeres Tier, zum Beispiel ein 17 cm langer Feuersalamander, auf der Hand. Wenn dann noch ein kleiner „Nachwuchs“ hinterher krabbelt, wirken die beiden ganz besonders niedlich.

Große Freude bei der Arbeit mit kleinen und größeren Perlen wünscht Ihnen

Das Material

Anmerkung:
Schere und Pinzette werden für jedes Beispiel benötigt. Sie sind deshalb nicht eigens aufgeführt. Der Messingdraht hat immer einen Durchmesser von 0,3 mm, sofern nicht andere Maße angegeben sind.

Tip:
Für die Augen der Tiere etwas größere, schwarze Perlen wählen (2,6 mm Durchmesser), damit sie besser auffallen.

Die Perlen

Die kleinen *Rocailles* oder *Indianerperlen* mit einem Durchmesser von meist 2 bis 2,5 mm gibt es in einer großen Vielfalt im Fachhandel zu kaufen. Man kann zwischen opaken, irisierenden oder metallicfarbenen Perlen, transparenten und glasigen Perlen mit Farb- oder Silbereinzug u.a. wählen. Wenn in der Materialliste nicht anders vermerkt, wurden die kleinen Rocailles verwendet.

Der Messingdraht

Die kleinen Perlen (2,5 mm Durchmesser) werden auf einen *Messingdraht mit einem Durchmesser von 0,3 mm* aufgezogen. Für den Körper der Figuren benötigt man zwischen 1,20 und 2,10 m Länge (je nach Größe des Tieres und der Perlen), für die Details zwischen 30 und 80 cm. Für Tiere mit größeren Perlen (3 bis 5 mm Durchmesser) einen *Messingdraht mit dem Durchmesser von 0,4 mm* verwenden.

Tip: Eine großzügig bemessene Drahtlänge erleichtert das Anziehen der Drahtenden. Überstände können zum Schluß abgeschnitten und für Details beim nächsten Tier verwendet werden.

Wichtig: Der Draht darf beim Verarbeiten niemals Schlingen bilden! Sie werden beim Festziehen zu Knicken und führen schon bald zu Bruchstellen. Schlingen deshalb immer *vor* dem Anziehen des Drahtes so aufdrehen, daß der Draht bogenförmig ist.

Die Hilfsmittel

Eine *Schere* ist zum Abschneiden des Drahtes nötig. Eine *Pinzette* erleichtert das Verdrehen der beiden Drahtenden zum Schluß.

Die Technik

Das Anfertigen der Körper

Plastisch werden die Körper, indem Reihen im ständigen Wechsel einmal nach oben und einmal nach unten gelegt werden. Wenn sich in der Vorlage zwei Reihen zwischen zwei Strichen befinden, bedeutet das immer, daß *die erste Reihe oben* liegen muß und *die zweite Reihe unten*.

Die Perlen der ersten Reihe (= oben) *immer in die Mitte des Drahtes* schieben. Die Perlen der zweiten Reihe (= unten) mit einem Drahtende aufnehmen (Farbe, Anzahl und Reihenfolge aus der Vorlage ablesen), das *andere Drahtende entgegengesetzt* durch die Perlen der zweiten Reihe schieben und beide Drahtenden gut anziehen. *Jede weitere Reihe* des Körpers wird in der gleichen Weise gefertigt wie die zweite Reihe, immer im Wechsel von oben und unten.

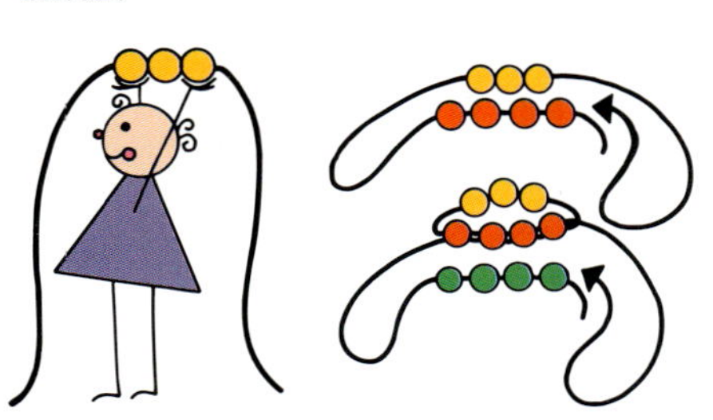

Deshalb wird bei den Vorlagen nur die Drahtführung am Anfang gezeigt, alle Besonderheiten sind dagegen mit genauer Drahtführung angegeben und zusätzlich beschrieben.

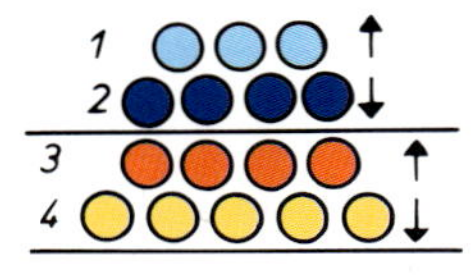

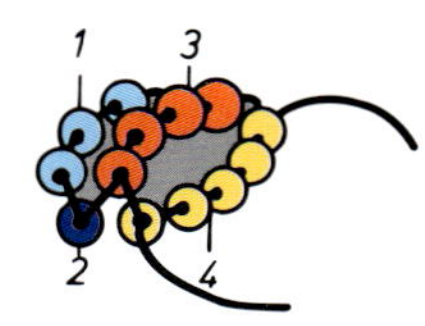

An der Nahtstelle zwischen den oberen und unteren Reihen ist der Draht in einer Zickzacklinie sichtbar. Die Drahtenden immer gut anziehen, damit die Zickzacklinie möglichst klein bleibt. Mit Hilfe einer kleinen Schere oder einer Stricknadel die oberen Reihen rund nach oben und die unteren rund nach unten wölben, dann nochmals die Drahtenden getrennt voneinander oder auch gemeinsam anziehen. Dadurch wird die Zickzacklinie noch unauffälliger und die Stabilität der Tiere größer.

Tip:
Alle zusätzlichen Drähte für Details am besten durch die Perlen der Reihe ziehen, solange diese noch nicht festgezogen ist. In der Vorlage sind die entsprechenden Reihen nochmals separat neben dem Körper aufgezeichnet.

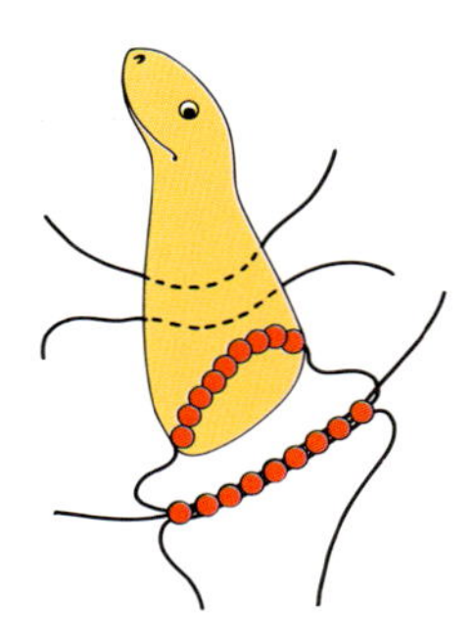

Anmerkung:
Details sind immer mit der kompletten Drahtführung auf der Vorlage zu finden, die Einzelbeschreibungen geben genaue Hinweise.

Die Details

Details wie Füße, Ohren, Fühler können manchmal mit den Drähten des Körpers gearbeitet werden. Meist werden aber separate Drahtstücke *immer bis zu ihrer Mitte* durch Perlen einer Körperreihe eingezogen. Für jedes Detail sind wie beim Körper zwei Drahtenden nötig. Wenn Details plastisch gearbeitet sind, befinden sich auf der Vorlage immer zwei Reihen zwischen Strichen. Wenn die Reihen flach aneinandergereiht werden, ist nur eine Reihe zwischen Strichen gezeichnet.

Der Abschluß der Körper
Wenn die Figuren am Ende spitz auslaufen, verschließt sich die Öffnung hinten von selbst (z.B. Feuersalamander). Bei anderen Tieren (z.B. Nilpferd) kann man die runde Öffnung hinten so schließen: Nach der oberen Reihe mit Schwanz die drittletzte Reihe rund nach oben, die vorletzte Reihe in gerader Linie unter den Bogen legen und die letzte Reihe rund nach unten biegen. Die Drähte des Körpers zum Schluß zur Herstellung der Hinterbeine verwenden, für die hinteren Beine dann nur einen separaten Draht einziehen.

Dünne Beine, Hörner, Fühler
Käferbeine, Hörner, Fühler, lose Flügel oder Schwanzfedern in der gleichen Weise entweder nach einer Reihe oder mitten in einer Reihe fertigen: Die Perlen auf einen Draht aufziehen und den Draht durch alle Perlen mit Ausnahme der letzten zurückziehen. Dabei die Perlen mit Ausnahme der letzten eng auf vorausgehende Perlen einer Reihe aufschieben und so festhalten.

Ohren
Die Ohren werden zusammen mit einer oberen Reihe zunächst nur mit einem Drahtende gearbeitet. Beispiel Giraffen-Ohr: Auf ein Drahtende eine Perle der Reihe und sechs Perlen des Ohres aufnehmen und den Draht durch die

vorletzte Perle zurückziehen. Die Perlen eng zusammenschieben, an die vorausgehende untere Reihe anschließen und beim Zurückziehen des Drahtes so festhalten. Drei weitere Perlen des Ohres (7 bis 9) aufnehmen und den Draht durch die erste Perle des Ohres zurückziehen. Fünf Perlen der Reihe und sechs Perlen des zweiten Ohres aufnehmen, den Draht durch die vorletzte Perle des Ohres zurückziehen, drei weitere Perlen für das Ohr aufnehmen und den Draht durch die erste Perle des zweiten Ohres zurückziehen. Eine Perle der Reihe aufnehmen. Erst jetzt das andere Drahtstück entgegengesetzt durch alle Perlen der Reihe ziehen.

Plastische Beine
Die plastischen Beine ebenso fertigen wie die plastischen Körper. Jeweils die erste Reihe zwischen zwei Strichen nach außen, die zweite Reihe nach innen zum Bauch hin legen (vgl. Nilpferd).

Füße mit Zehen
Zehen werden mit nur einem Drahtende gefertigt. Die Zehen des Feuersalamanders: Vier Perlen aufnehmen und den Draht durch alle Perlen mit Ausnahme der letzten zurückziehen, dabei die Perlen nahe am Bein festhalten. Die zweite bis fünfte Zehe ebenso fertigen, beim Zurückziehen des Drahtes die Perlen jeweils nahe an der vorausgehenden Zehe festhalten. Den Draht zum Schluß mit dem anderen Drahtende verdrehen.

Den Draht „vernähen“

Am Schluß entweder ein Drahtende durch eine naheliegende Reihe zum anderen Draht ziehen, mit diesem überkreuzen und mit einer Pinzette mehrmals verdrehen. Überstände bis auf 2 bis 3 mm abschneiden, das verdrehte Stück durch Wegbiegen „verstecken“. Oder beide Drahtenden getrennt mehr-mals um den Führungsdraht wickeln, dann abschneiden.

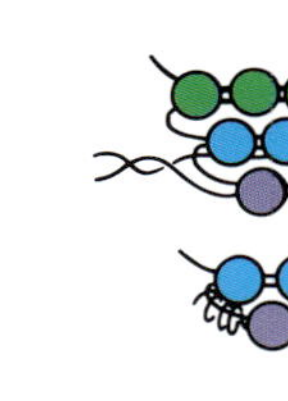

Besuch aus Afrika

Material

Giraffe:
- **Rocailles in Gelb, Braun, Schwarz**
- **Messingdraht**

Pirol:
- **Rocailles in Rot, Gelb, Schwarz, Silber**
- **Messingdraht**

Vorlagen
1 - 2

Giraffe

❶ Von vorne nach hinten fertigen. Für die Vorderbeine zwei separate Drähte durch zwei untere Reihen (s. Vorlage) einziehen, für die hinteren Beine nur ein Drahtstück, da der Körperdraht verwendet wird. Die fünfte obere Reihe mit Höcker fertigen: Auf ein Drahtende zwei Perlen der Reihe und drei Perlen des Höckers aufnehmen und den Draht durch die ersten beiden Perlen des Höckers zurückziehen. Diese Arbeitsschritte einmal wiederholen, zwei Perlen der Reihe aufnehmen und den anderen Draht entgegengesetzt durch alle sechs Perlen der Reihe schieben.

❷ Die sechste obere Reihe mit Ohren fertigen (s. Beschreibung auf Seite 6). In der Mitte der siebten bis sechzehnten oberen Reihe jeweils ein abstehendes Mähnenhaar fertigen: Auf ein Drahtende drei (oder zwei) Perlen der Reihe und zwei Perlen für das Mähnenhaar aufschieben, den Draht durch die vorletzte Perle zurückziehen. Drei (oder zwei) Perlen der Reihe aufziehen und das andere Drahtstück entgegengesetzt durch alle Perlen der Reihe schieben.

❸ In der Mitte der letzten oberen Reihe einen Schwanz einfügen (s. Vorlage). Die Beine plastisch arbeiten, dabei die Reihen immer im Wechsel nach außen und innen zum Bauch hin legen.

Pirol

❶ Von vorne nach hinten arbeiten. Die ersten vier Reihen (= Schnabel) flach aneinanderfügen, ebenfalls die letzten fünf Reihen (= Schwanz). Den restlichen Körper plastisch arbeiten.

❷ Durch die jeweils äußeren zwei Perlen einer oberen Reihe (s. Vorlage) zwei separate Drahtstücke bis zur Mitte für die Flügel einziehen. Die Reihen der Flügel flach aneinanderschieben und zum Schluß leicht nach außen wölben, damit sie sich der Körperform anpassen.

Koalas

Material

- **Rocailles in Kupfer, Weiß, Hellgold, Schwarz**
- **Rocailles (5 mm ∅) in Schwarz**
- **Messingdraht**

Vorlage 3

❶ Von oben nach unten nach der Vorlage arbeiten: Eine schwarze 5-mm-Perle in die Mitte des Drahtes schieben. Die drei Perlen für die zweite Reihe mit einem Drahtende aufnehmen und das andere Drahtende entgegengesetzt hindurchschieben. Weiterarbeiten nach der Vorlage.

❷ Obere Reihe mit Ohren: Auf ein Drahtende zwei Perlen in Kupfer und vier Perlen in Hellgold aufziehen und den Draht durch die dritte und zweite goldfarbene Perle zurückziehen. Drei goldfarbene Perlen aufnehmen und den Draht durch die zweite Perle zurückschieben. Sieben goldfarbene Perlen aufnehmen, den Draht nochmals durch die ganz am Anfang aufgeschobene goldfarbene Perle ziehen. Vier weiße Perlen für das Innenohr aufschieben, den Draht durch die erste und letzte goldfarbene Perle zurückziehen. Neun Perlen in Kupfer aufschieben, dann das zweite Ohr nach der Vorlage arbeiten. Zwei Perlen in Kupfer aufschieben und das andere Drahtende entgegengesetzt durch alle Perlen in Kupfer führen. Nach der Vorlage weiterarbeiten.

❸ Für die vorderen Beine zwei separate Drahtstücke, für die hinteren Beine einen Draht durch kupferfarbene Reihen ziehen (s. Vorlage). Die vorletzte Reihe des Körpers rund nach vorne wölben. Die Drahtenden nach der letzten, gerade liegenden Reihe jeweils durch die äußerste Perle der letzten kupferfarbenen Reihe nach außen ziehen. Die Drahtenden für die Anfertigung der Hinterbeine verwenden.

❹ Die Beine nach der Vorlage plastisch arbeiten, jeweils die Reihe nach einem Strich zum weißen Bauch hin schieben. Zum Schluß fünf schwarze Perlen auf ein Drahtende aufziehen, beide Drahtenden miteinander verdrehen und Überstände abschneiden.

Familie Igel

Material

- **Rocailles in Schwarz, Gold, Bronze**
- **Rocailles (2,6 mm ∅) in Schwarz**
- **Messingdraht**

Vorlagen

4 - 5

Großer Igel

1. Von vorne nach hinten arbeiten. Nach der Fertigung der fünften oberen Reihe die Ohren arbeiten: Fünf goldfarbene Perlen auf den Draht schieben, den Draht durch die beiden äußeren Perlen der Reihe nach außen ziehen, eine bronzefarbene Perle (= Innenohr) aufnehmen und den Draht nochmals durch die äußeren Perlen ziehen.

2. Jede obere Reihe nun mit Stacheln fertigen: Mit einem Drahtende arbeiten. Für den ersten Stachel drei bronzefarbene und eine schwarze Perle aufziehen und den Draht durch die drei bronzefarbenen Perlen zurückziehen. Eine goldfarbene Perle (= Igelkörper) aufziehen. Im Wechsel Stacheln und Körperperlen aufziehen (s. Vorlage). Nach Fertigstellung einer „Stachelreihe" den anderen Draht entgegengesetzt durch alle goldfarbenen Perlen ziehen. Nach der Vorlage weiterarbeiten. Die letzte untere Reihe ebenfalls mit Stacheln arbeiten und diese waagrecht nach hinten biegen. Mit den drei Stacheln der letzten Reihe die Öffnung verschließen.

3. Durch je zwei Perlen vier separate Drahtstücke für die Füße einziehen. Die ersten drei Reihen des Fußes flach aneinanderschieben, dann mit einem Drahtende vier Zehen arbeiten, wie die Vorlage zeigt.

Kleiner Igel

Den Igel in der gleichen Weise nach einer getrennten Vorlage fertigen. Für die kleinen Ohren nach der vierten oberen Reihe je eine Perle aufschieben und den Draht durch die beiden äußeren Perlen der Reihe nach außen ziehen. Die Stacheln mit je nur drei bronzefarbenen Perlen aufziehen. In der sechsten unteren Reihe die Beine mit dem Draht des Körpers fertigen: Zwei gold- und sechs bronzefarbene Perlen auf einen Draht aufschieben und den Draht durch die ersten drei bronzefarbenen Perlen zurückziehen, einmal wiederholen und zwei goldfarbene Perlen aufschieben. Das andere Drahtende entgegengesetzt durch alle goldfarbenen Perlen schieben.

Kolibris

Material

Grüner Kolibri:
- **Rocailles in Hellgrün, Grün, Weiß, Schwarz, Bordeaux**
- **Messingdraht**

Ständer:
- **Blumendraht**
- **Rocailles in Schwarz, Gold**
- **Transparent-Nähfaden**

Haubenkolibri:
- **Rocailles in Grün, Gold, Schwarz, Blau**
- **Messingdraht**

Vorlagen
6 - 7

Grüner Kolibri und Ständer

❶ Von vorne nach hinten arbeiten. Die ersten vier Reihen flach aneinanderlegen, alle weiteren im Wechsel oben und unten arbeiten. Durch zwei obere Reihen (s. Vorlage) für die Flügel separate Drahtstücke einziehen.

❷ Das Ende des Körpers: Die obere Reihe mit drei und die untere Reihe mit vier Perlen arbeiten, dann auf ein Drahtende nacheinander vier Schwanzfedern aufziehen. Dazu jeweils acht Perlen aufnehmen und den Draht durch die ersten sieben zurückziehen. Nach der vierten Feder das Drahtende durch die drei Perlen der oberen Reihe schieben, eine hellgrüne Perle (= letzte Reihe) aufnehmen, beide Drahtenden verdrehen.

❸ Flügel: Eine Reihe (vier Perlen) legen, dann mit dem Draht hinten eine Feder mit fünf Perlen arbeiten, usw. (s. Vorlage). Nach der letzten Reihe (= eine Perle) mit dem hinteren Draht nacheinander drei Federn aufziehen.

❹ Ständer: Nach Wunsch einen Ständer aus Blumendraht biegen, Perlen in Schwarz und Gold aufschieben und den Vogel mit einem transparenten Nähfaden daran befestigen.

Haubenkolibri

Den Haubenkolibri nach Vorlage 7 in der gleichen Weise anfertigen. Zusätzlich in einer oberen Reihe eine Haube fertigen und zwei separate Drahtstücke für die Füße in unteren Reihen einziehen. Haube: Drei Perlen der Reihe und zehn Perlen der Haube auf einen Draht aufziehen und diesen durch die ersten neun Perlen der Haube zurückziehen, drei Perlen der Reihe aufnehmen. Das andere Drahtende entgegengesetzt durch die sechs Perlen der Reihe schieben. Fuß: Fünf Reihen mit je einer Perle abwechselnd nach außen und innen legen, mit dem vorderen Drahtende nacheinander drei Zehen arbeiten. Den Draht durch die vorletzte Reihe nach hinten ziehen und zwei Reihen arbeiten.

Vater und Sohn

Material

Kleiner Salamander:
- **Rocailles in Schwarz, Gelb,**
- **Rocailles (2,6 mm ∅) in Schwarz**
- **Messingdraht**

Großer Salamander (17 cm lang):
- **Rocailles (5 mm ∅) in Schwarz, Gelb, Orange**
- **Messingdraht (0,4 mm ∅)**

Vorlage 8

Kleiner Feuersalamander

❶ Nach der Vorlage von vorne nach hinten arbeiten. Für die Augen etwas größere, schwarze Perlen verwenden. Durch vier untere Reihen separate Drahtstücke jeweils bis zur Mitte für die Beine einziehen.

❷ Das Bein nach der Vorlage plastisch anfertigen. Jeweils die erste Reihe zwischen zwei Strichen nach außen, die zweite nach innen zum Bauch hin schieben. Mit dem hinteren Drahtende nacheinander fünf Zehen arbeiten: Vier Perlen einer Zehe aufnehmen und den Draht durch die ersten drei Perlen zurückziehen, dabei die Perlen der Zehe immer nahe am Bein bzw. an der vorausgehenden Zehe festhalten. Zum Schluß die Drahtenden miteinander verdrehen.

Großer Feuersalamander

Den großen Feuersalamander nach der gleichen Vorlage wie den kleinen arbeiten. Bei den großen Perlen mit einem Durchmesser von 5 mm muß jedoch ein stärkerer und längerer Messingdraht verwendet werden (0,4 mm Durchmesser, 2,80 m lang). Nach Wunsch die gelben Perlen an der Bauchseite, an den Beinen und den Füßen durch orangefarbene Perlen ersetzen.

Schmetterlinge und Raupe

Material

Schmetterling in Rot:

- **Rocailles in Bordeaux (transparent und opak), Schwarz**
- **Messingdraht**

Schmetterling in Blau:

- **Rocailles in Türkis, Blau, Weiß, Schwarz, Silber**
- **Messingdraht**

Raupe:

- **Rocailles in Schwarz, Orange**
- **Messingdraht**

Vorlagen

9 - 11

Schmetterlinge

❶ Die Schmetterlinge in gleicher Weise nach getrennten Vorlagen arbeiten. An den Fühlern beginnen: Neun Perlen des Fühlers in die Mitte des Drahtes schieben, ein Drahtende durch die ersten acht Perlen zurückziehen, die zwei Perlen der oberen Reihe und neun Perlen für den zweiten Fühler auf ein Drahtende aufziehen, den Draht durch die ersten acht Perlen des Fühlers zurückschieben. Die untere Reihe (drei Perlen) aufziehen. Weiterarbeiten, wie die Vorlage zeigt.

❷ Nach der dritten, vierten und fünften unteren Reihe jeweils auf beiden Seiten ein Bein arbeiten: Zehn Perlen aufziehen und den Draht durch die ersten neun Perlen zurückziehen, dabei die Perlen nahe am Körper festhalten.

❸ Durch die mit einem Kreuz gekennzeichneten oberen vier Reihen je einen separaten Draht für die Flügel bis zur Mitte einziehen. Zuerst die beiden unteren Flügel nach der Vorlage arbeiten und dabei die Reihen flach aneinanderschieben, dann die beiden oberen Flügel erstellen.

Raupe

Die Raupe von vorne nach hinten arbeiten: Drei Perlen für den Fühler in die Mitte des Drahtes schieben und den Draht durch die ersten zwei Perlen zurückziehen. Eine Perle für die obere Reihe und drei Perlen für den Fühler aufnehmen, den Draht durch die ersten beiden Perlen des Fühlers zurückziehen. Nach der Vorlage weiterarbeiten. Sechs untere Reihen jeweils mit zwei Beinen arbeiten: Auf ein Drahtende drei Perlen aufziehen und den Draht durch die zweite Perle zurückziehen. Vier weitere Perlen aufnehmen und den Draht durch die vorletzte Perle zurückziehen, eine neue Perle aufnehmen. Das andere Drahtstück entgegengesetzt durch die vier Perlen der Reihe schieben (s. Vorlage).

Kleiner Waschbär, was nun?

Material

Kleiner Waschbär:
- **Rocailles in Weiß, Braun, Blutstein, Gold, Schwarz**
- **Messingdraht**

Großer Waschbär:
- **Rocailles (5 mm ∅) in Weiß, Brombeer, Rotbraun, Schwarz**
- **Messingdraht (0,4 mm ∅)**

Vorlage 12

Kleiner Waschbär

❶ Von vorne nach hinten arbeiten. Für die Beine vier separate Drahtstücke durch Perlen von vier unteren Reihen bis zur Mitte einziehen.

❷ Die fünfte obere Reihe mit Ohren so fertigen: Die 18 Perlen in der gezeigten Reihenfolge auf ein Drahtende aufziehen, das andere Drahtende durch die letzte Perle in entgegengesetzter Richtung schieben, eine Perle in Blutstein aufnehmen und den Draht durch die mittleren sechs Perlen der Reihe ziehen, eine Perle in Blutstein aufnehmen und den Draht durch die erste Perle der Reihe schieben. Beide Drahtenden gut anziehen.

❸ Jedes Bein plastisch fertigen: Die fünf Reihen im Wechsel nach außen und nach innen zum Bauch hin legen. Den hinteren Draht durch die vorletzte Reihe nach vorne ziehen und drei Reihen arbeiten, die flach aneinandergeschoben werden.

Großer Waschbär

Für den großen Waschbären 5-mm-große Indianerperlen und einen Messingdraht (Länge ca. 2,60 m) mit dem Durchmesser von 0,4 mm verwenden. Nach der gleichen Vorlage wie oben arbeiten. Die Perlen in Blutstein durch brombeerfarbene Perlen ersetzen, alle goldfarbenen Perlen des Körper durch rotbraune und alle goldfarbenen Perlen des Schwanzes durch schwarze Perlen.

Muntere Kühe

Material

Weiße Kuh:

- **Rocailles in Schwarz, Weiß, Altrubin, Bronze**
- **Rocailles (2,6 mm ∅) in Schwarz**
- **Messingdraht**

Braune Kuh:

- **Rocailles in Bronze, Hellgold, Altrubin, Schwarz**
- **Rocailles (2,6 mm ∅) in Schwarz**
- **Messingdraht**

Vorlagen

13 - 14

1. Beide Kühe nach getrennten Vorlagen gleich fertigen. Schnauze: Vier Perlen in die Mitte des Drahtes schieben, die fünf Perlen der unteren Reihe aufnehmen. Auf ein Drahtende zwei Perlen schieben und den Draht nochmals durch die untere Reihe ziehen.

2. Ohren: Mit einem Drahtende arbeiten. Eine Perle der oberen Reihe und sieben Perlen des Ohres aufschieben, den Draht durch die vorletzte Perle zurückziehen. Vier weitere Perlen (8 bis 11) für das Ohr aufnehmen und den Draht nochmals durch die zweite Perle des Ohres ziehen. Die Perle für das Innenohr aufschieben und den Draht durch die elfte und erste Perle des Ohres nach unten ziehen. Zwei Perlen der Reihe aufschieben und das Horn fertigen: Fünf Perlen aufnehmen und den Draht durch die ersten vier Perlen zurückziehen. Nach der Vorlage weiterarbeiten. Das andere Drahtende entgegengesetzt durch alle Perlen der Kopfreihe ziehen.

3. Für die vorderen Beine zwei Drähte einziehen, für die hinteren Beine nur einen (s. Vorlage). Die vorletzte Reihe der Kuh rund nach oben biegen. Die letzte Reihe mit Schwanz so fertigen: Zwei Perlen der Reihe und zehn Perlen des Schwanzes auf ein Drahtende aufziehen, den Draht durch die ersten neun Perlen des Schwanzes zurückziehen, zwei Perlen der Reihe aufnehmen. Das andere Drahtende durch die vier Perlen der Reihe entgegengesetzt hindurchschieben. Die Drahtenden jeweils durch die drei äußeren Perlen der vorletzten unteren Reihe nach innen ziehen und für die hinteren Beine verwenden. Die Beine arbeiten.

4. Euter: Auf ein kurzes Drahtstück fünf Perlen aufziehen, den Draht durch die vierte und dritte Perle zurückziehen. Dreimal wiederholen, dann den Draht nochmals durch die erste, zweite, sechste und siebte Perle schieben und beide Drahtenden anziehen. Das Euter am Bauch befestigen: Ein Drahtende quer in zwei Reihen des Bauches einhängen, beide Drahtenden verdrehen.

Krabbeltiere

Material

Rüsselkäfer:

- **Rocailles in Schwarz, Hellgold, Kupfer, Bronze**
- **Messingdraht**

Roter Käfer:

- **Rocailles in Rot, Schwarz**
- **Messingdraht**

Grüner Käfer:

- **Rocailles in Kupfer, Grün, Hellgrün, Dunkelgrün, Schwarz**
- **Messingdraht**

Vorlagen
15 - 17

Rüsselkäfer

❶ Mit dem Rüssel beginnen: Zunächst 12 schwarze Perlen in die Mitte des Drahtes schieben und ein Drahtende durch die ersten 11 Perlen zurückziehen. Dann die Reihen des plastischen Körpers, abwechselnd oben und unten, nach der Vorlage arbeiten.

❷ Jeweils nach der dritten, vierten und sechsten unteren Reihe auf beiden Seiten ein Bein fertigen: 10 schwarze Perlen aufnehmen und den Draht durch die ersten neun zurückziehen, dabei die Perlen nahe am Körper festhalten. Für die beiden Flügel zwei separate Drahtstücke durch je drei Perlen der fünften oberen Reihe einziehen. Die Reihen des Flügels flach aneinanderlegen und leicht rund nach oben wölben.

Roter Käfer

Mit den Fühlern beginnen: Zehn schwarze Perlen für den ersten Fühler in die Mitte des Drahtes schieben und ein Drahtende durch die ersten neun Perlen zurückziehen. Eine Perle (= obere Kopfreihe) und zehn Perlen für den zweiten Fühler auf ein Drahtende aufziehen und den Draht durch die ersten neun Perlen des zweiten Fühlers zurückziehen. Nach Vorlage 16 Körper und Beine, mit den zwei separat eingezogenen Drahtstücken die Flügel arbeiten, wie beim Rüsselkäfer beschrieben.

Grüner Käfer

Mit den Fühlern beginnen: Vier kupferfarbene Perlen in die Mitte des Drahtes schieben und ein Drahtende durch die ersten drei Perlen zurückziehen. Zwei grüne Perlen (= erste obere Reihe) und vier kupferfarbene Perlen auf ein Drahtende aufschieben und den Draht durch die ersten drei kupferfarbenen Perlen zurückziehen. Nach der Vorlage weiterarbeiten. Wie bei den anderen Käfern die Beine mit den Drahtenden des Körpers fertigen, die Flügel mit den separat durch Perlen einer oberen Reihe eingezogenen Drahtstücken.

Prunkvoller Pfau

Material

- **Rocailles in Schwarz, Weiß, Blau, Hellgrün, Dunkelgrün, Gold**
- **Messingdraht**

Vorlage 18

❶ Von vorne nach hinten arbeiten. In der Mitte einer oberen Reihe eine Kopffeder arbeiten: Auf ein Drahtende fünf Perlen der Reihe aufnehmen, dann fünf goldfarbene und drei blaue Perlen, den Draht durch die goldfarbenen Perlen zurückziehen. Fünf Perlen der Reihe aufziehen, den anderen Draht entgegengesetzt durch die Perlen der Reihe schieben. In der Mitte der nächsten oberen Reihe eine Feder aufziehen. Eine zweite Feder anschließen: Vier goldfarbene und drei blaue Perlen aufnehmen, den Draht durch die vier goldfarbenen Perlen und die erste goldfarbene Perle der ersten Feder zurückziehen.

❷ In zwei untere Reihen Drähte für die Füße einziehen (s. Vorlage). Die Reihen des Beines abwechselnd nach außen und innen legen. Mit dem vorderen Draht drei Zehen arbeiten, dann den Draht durch die vorletzte Reihe des Beines nach hinten ziehen und drei Reihen legen.

❸ Durch eine obere Reihe vier 80 cm lange Drähte für die Schwanzfedern einziehen. Mit jedem 40 cm langen Draht eine Feder fertigen. Auf jede Feder zwei goldfarbene Perlen aufschieben, dann Elemente A und B aneinanderreihen. Lange Federn: 3 x A, 1 x B, 2 x A, 1 x B. Kurze Federn: 2 x A, 1 x B, 1 x A, 1 x B. *Element A:* Zwei goldfarbene und drei dunkelgrüne Perlen aufziehen und den Draht durch die ersten beiden dunkelgrünen Perlen zurückschieben, drei dunkelgrüne Perlen aufnehmen und den Draht durch die ersten beiden Perlen zurückziehen. *Element B:* Sieben blaue Perlen aufnehmen und den Draht nochmals durch die erste Perle ziehen (= Innenkreis). Zwei hellgrüne, sieben goldfarbene und zwei hellgrüne Perlen aufziehen (= Außenkreis) und den Draht nochmals durch die erste blaue Perle des Innenkreises schieben. Eine blaue Perle aufnehmen (= Mitte), den Draht entgegengesetzt durch die fünfte blaue Perle des Innenkreises und nochmals durch die vierte goldfarbene Perle des Außenkreises ziehen.

Großes und kleines Nilpferd

Material

Kleines Nilpferd:
- **Rocailles in Schwarz, Altrubin, Hellblau**
- **Messingdraht**

Großes Nilpferd:
- **Wachsperlen (4 mm ∅) in Schwarz, Altrubin, Hellblau**
- **Messingdraht (0,4 mm ∅)**

Vorlage 19

Kleines Nilpferd

1 Mit dem Maul beginnen: Die erste Reihe in die Mitte des Drahtes schieben. Die zweite, untere Reihe mit fünf Perlen aufziehen, dann drei Perlen (= mittlere Reihe) auf ein Drahtende aufnehmen und den Draht nochmals durch die untere Reihe ziehen. Jede weitere Reihe im Wechsel nach oben und unten legen.

2 Eine obere Reihe mit Ohren fertigen: Auf ein Drahtende zwei Perlen der Reihe und sechs Perlen für das Ohr aufschieben und den Draht nochmals durch die erste Perle des Ohres ziehen. Eine Perle für das Ohreninnere aufnehmen und den Draht durch die sechste Perle des Ohrs ziehen. Die Reihe nach der Vorlage beenden, dann das andere Drahtstück entgegengesetzt durch alle hellblauen Perlen ziehen.

3 Für die vorderen Beine zwei Drahtstücke durch zwei untere Reihen einziehen, für die hinteren Beine nur ein separates Drahtstück, da der Körperdraht verwendet wird. Die Beine plastisch arbeiten.

4 Die viertletzte obere Reihe des Körpers mit Schwanz fertigen: Vier Perlen der Reihe und vier Perlen des Schwanzes auf ein Drahtende aufnehmen und den Draht durch die ersten drei Perlen des Schwanzes zurückziehen. Vier Perlen der Reihe aufnehmen und das andere Drahtstück entgegengesetzt durch alle acht Perlen der Reihe schieben. Die drittletzte Reihe nach oben wölben, die vorletzte Reihe gerade arbeiten und die letzte Reihe nach unten wölben.

Großes Nilpferd

Auch das größere Nilpferd aus Wachsperlen mit einem Durchmesser von 4 mm wird nach der gleichen Vorlage gearbeitet, allerdings muß ein stärkerer und längerer Messingdraht (ca. 3 m lang) verwendet werden.

Känguruhs

Material

- **Rocailles in Schwarz, Hellgold, Kupfer, Weiß, evtl. Blau**
- **Rocailles (2,6 mm ∅) in Schwarz**
- **Messingdraht**

Vorlage 20

Känguruh

❶ An der Schnauze beginnen. Die sechste obere Reihe mit Ohren fertigen: Auf ein Drahtende drei goldfarbene und sieben kupferfarbene Perlen aufschieben, den Draht durch die vorletzte, kupferfarbene Perle zurückziehen. Vier kupferfarbene Perlen (8 bis 11) aufnehmen, den Draht nochmals durch die zweite, kupferfarbene Perle ziehen. Eine weiße Perle aufnehmen und den Draht durch die elfte und die erste, kupferfarbene Perle nach unten ziehen. Alles wiederholen, dann drei goldfarbene Perlen aufnehmen, das andere Drahtende entgegengesetzt durch alle goldfarbenen Perlen schieben.

❷ Für die „Arme" zwei Drähte durch je zwei Perlen einer hinteren (= oberen) Reihe ziehen. Den „Arm" zunächst plastisch nach unten arbeiten, das hintere Drahtstück durch die drittletzte Reihe nach vorne ziehen und ihn nach vorne plastisch beenden (s. Vorlage).

❸ Durch eine „Bauchreihe" (= untere Reihe, s. Vorlage: Kreuz) ein Drahtstück einziehen, damit fünf Reihen mit weißen Perlen flach aneinanderreihen und leicht nach vorne wölben (= angedeuteter Innenbeutel). Die Drahtenden verdrehen. Den Körper nach dem Anfertigen des Innenbeutels beenden, dabei durch je fünf Perlen einer hinteren (= oberen) Reihe zwei Drahtstücke für die Beine und durch die mittleren fünf Perlen der nächsten hinteren Reihe ein Drahtstück für den plastischen Schwanz einziehen.

❹ Das Bein zunächst plastisch nach unten arbeiten: Die erste Reihe nach jedem Strich muß zum Körper geschoben werden. Nach den sieben Reihen den hinteren Draht einmal um die viertletzte Reihe des Körpers führen und durch die Perlen der vorletzten Reihe des Beines nach vorne schieben. Die erste Reihe des Fußes nach unten, die zweite nach oben usw. legen.

Känguruh mit Hose

Dieses Känguruh ebenso fertigen wie oben beschrieben. Die in der Vorlage eingerahmten Perlen müssen alle in der Farbe der Hose aufgezogen werden.

Neben dieser Auswahl aus der Brunnen-Reihe haben wir noch viele andere Bücher im Programm:

Hobby- und Bastelbücher, Bücher zum Spielen und Lernen mit Kindern, Ratgeber-Bücher für Eltern

Wir informieren Sie gerne - fordern Sie einfach unsere neuen Prospekte an.

3-419-56039-7

3-419-56037-0

3-419-55796-5

3-419-56038-9

3-419-56002-8

Wir sind für Sie da, wenn Sie Fragen zu AutorInnen, Anleitungen oder Materialien haben.
Und wir interessieren uns für Ihre eigenen Ideen und Anregungen. Faxen, schreiben Sie oder rufen Sie uns an.
Wir hören gerne von Ihnen! Ihr Christophorus-Verlag

Bücher mit Ideen

Hermann-Herder-Str. 4 / 79104 Freiburg i. Breisgau

Tel: 0761/2717-0 oder Fax: 0761/2717-352